# 문에도 멍이 든다

# 문에도 멍이 든다

정여운

현대시학 시인선 078

ㅎ|ㅅ

**정여운**

대구 출생. 숙명여대 교육대학원 졸업.
중앙대 예술대학원 문예창작전문가과정 수료.
2013년 《한국수필》로 수필 등단.
2020년 《서정시학》으로 시 등단.
2019년 불교신문 10·27법난 문예공모전 산문 부문 대상.

ywpoem79@daum.net

※ **시인의 말**

먼 길 돌아왔다

가다가 돌아선 길은 못내 그리웠다

문학의 언저리를 몇 번이나 돌았다

소설 숲 끝에서 운명처럼 시를 만났다

언어의 마술에 걸린 듯 시에 빠졌다

이제는 헤어질 수 없다, 온몸으로 받는다

나를 시인으로 만든 사람은 어머니이다

말년의 어머니 삶을 볼 때마다 시가 터졌다

심장에 날아든 측은의 씨앗들


어머니가 꽃구름 타고 가신 지 4주년이 되어 간다

아버지는 재작년에 나비구름 타고 따라가셨다

평안한 극락왕생 기원하며 이 시집을 바친다

2021. 10.

광명에서 정여운 삼가 올림

## 차례

＊ 시인의 말　　　　　　　　　　　　　　　　　　5

## 1부 문에도 멍이 든다

하늘　　　　　　　　　　　　　　　　　　　　14
향나무지팡이　　　　　　　　　　　　　　　　15
올비　　　　　　　　　　　　　　　　　　　　16
문에도 멍이 든다　　　　　　　　　　　　　　18
부부송　　　　　　　　　　　　　　　　　　　20
찔레꽃조기　　　　　　　　　　　　　　　　　22
봄볕에 뜨락에 나와 앉아　　　　　　　　　　24
콩나물과 예술 사이　　　　　　　　　　　　　27
동막 마을　　　　　　　　　　　　　　　　　28
여우와 늑대의 오감도　　　　　　　　　　　　30
불치　　　　　　　　　　　　　　　　　　　　32
함부로 밀지 마라　　　　　　　　　　　　　　34
하마터면 말할 뻔했다　　　　　　　　　　　　36
어떡하니　　　　　　　　　　　　　　　　　　38

## 2부 달리는 펑크

| | |
|---|---:|
| 달리는 펑크 | 40 |
| 燕鴻相違연홍상위 | 41 |
| 툇마루에 걸터앉아 달을 보며 | 42 |
| 가슴벽 | 45 |
| 풍경이 살풍경을 말하다 | 46 |
| 배롱나무 | 48 |
| 매화가 나에게 | 50 |
| 눈치 | 52 |
| 물싸리꽃을 기다리다 | 54 |
| 땅은 내려다보고 있는 멍든 하늘이다 | 56 |
| 공생 | 58 |
| 북한강에서 | 60 |
| 시의 힘 | 62 |
| 산문散文에 기대어 | 64 |

## 3부 매괴화 두 송이

| | |
|---|---|
| 발견자 양금숙 | 66 |
| 넝쿨아내 | 67 |
| 매괴화 두 송이 | 68 |
| 홍시 1 | 71 |
| 무쇠솥 | 72 |
| 금남로錦南路 | 73 |
| 강 쪽으로 굽은 소나무 | 74 |
| 도모지塗貌紙 | 76 |
| 목련 아동 꿈터 | 78 |
| 공터에서 낚아 올린 것들 | 80 |
| 꽃무덤 | 83 |
| 불면 | 84 |
| 사 살려 주 주세요 | 86 |
| 영혼을 적시는 시 | 88 |

## 4부 녹두죽이 먹고 싶다 했더니

| | |
|---|---:|
| 달밤 | 90 |
| 가방 | 91 |
| 번개엄마 | 92 |
| 활과 휠체어 | 94 |
| 녹두죽이 먹고 싶다 했더니 | 96 |
| 꽃물 | 98 |
| 검은 도마 | 99 |
| 동짓날 | 100 |
| 눈꽃 | 102 |
| 절망 | 103 |
| 사친별곡思親別曲 1 | 104 |
| 이자이李滋伊 | 106 |
| 유서 | 108 |
| 매화꽃 말씀 | 110 |

\* **해설**
전천후와 열망을 향한 헌사 | 이정환(시인)

# 1부 문에도 멍이 든다

## 하늘

거실에 꽃기린이 하늘을 기다리며 피고 있다

꽃밭에 매화가 하늘을 열며 피고 있다

그 곁에 개나리가 하늘을 달래며 피고 있다

그 뒤에 라일락이 하늘을 흔들며 피고 있다

담장에 기대 목련이 하늘을 찌르며 피고 있다

앞산에는 진달래가 하늘로 함성을 지르며 피고 있다

## 향나무 지팡이

칠십 년은 더 되어 보이는 향나무
산소 옆에 쓰러진 지 오 년이 지났다

한식날 큰어머니 산소에 들렀다
갖고 온 향나무 가지 두 개
엄마의 지팡이로 사용하고 있다

메마른 산소 옆에서 혼자
저승 간 친구 옆을 지키느라 힘들었던 것일까
몸이 구불구불 섬진강 강줄기다

굽이굽이 힘든 강 건너오신 엄마
새로운 길동무인 향나무 지팡이
살아서는 저승 간 친구 산소 옆에 있다가
죽어서는 몸 불편한 이승의 친구 집에 있다

# 올비*

잠든 아기 머리맡에
뻥튀기 옥수수 한 바가지 놓고
호미 들고 나간다

해마다 하천이 넘쳐 물에 잠긴 너였다
죽 한 그릇이면 살 수 있다는 올비밭
쌀 한 말 이고 가서 건졌다

자고 나면 번지고 자고 나면 커지고
뽑아도 자라고 찍어도 내리고
아래로 위로 시퍼런 등줄기가 들불처럼 번졌다
가난은 뿌리에서부터 찾아오는가

네 뿌리를 잘라 먹으며 가난을 캤다
해도 깨지 않은 첫새벽부터 별 뜨는 밤까지

목숨보다 질긴 올비를 캤다

세 살배기 아들이 없어진 줄도 모르고


사람들과 사수재를 넘고 와룡산을 뒤졌다

사흘 만에 집 앞에 있는 못에서

낮달이 떠올랐다

싸늘한 달을 품에 안고 애장터에 묻었다


뿌리 하나 뽑는데 한 생애가 지나갔다




\* 뿌리가 깊고 번식력이 좋은 잡초의 일종.

## 문에도 멍이 든다

누가 저 방문에 목숨 한 숟가락 꽂았을까

추위는 검은 두루마기 같은 구름 두르고 찾아왔다
안방이 단단히 잠겨 있다

나비장석에 걸려 있는 놋쇠 빼다가
왜 목숨 하나가 갇혀 있는지를
네발로 기어 다닐 때 암죽을 먹여주고
두 발로 걸어 다닐 때 도시락 챙겨주고
두레상 펼쳐놓고 함께 밥을 먹던
그 숟가락을 생각한다

곰팡이 푸르게 슬은 모진 쇠붙이 하나
겉과 속을 나누는 문 앞에서
늙은 숟가락이 늙은 사람을 붙들고 있다

명치 끝 방에 피멍이 드는 밤이다
삭은 문이 흔들리며 몸서리치고 있다

휠체어 바퀴 테두리가 반짝인다
뼈만 남은 반달 숟가락에 얼굴이 비친다

평생을 한 몸처럼 입속에서 살아온 쇠붙이
아버지의 목숨 한술 뜨고 있다

## 부부송

우두두둑 뚜두둑

봄기운에 잔설을 털어내는 소나무 가지들

관절 풀리는 소리가

악양 평야의 마디마디를 깨운다

겨우내 두꺼운 추위 껴입고서

황량한 들판 지키느라 잔기침도 많았겠다

온기 없는 빈방에서 선잠 자느라

삭은 몸이 얼음장 되었겠다

이웃도 경로당도 없는 외딴 들녘에

적막 한 칸 세 들이며 사느라 밤도 길었겠다

금싸라기 알곡들 방앗간으로 밀려간 뒤

제비가 낮게 뜨니 비가 오겠구나

두 눈을 비비니 더욱 침침하구나

들 끝에 바람을 얹고 삭정이로 흔들리는

앙상한 부부송

섬진강 따라 매화꽃길 따라
평사리로 시집왔던 봄
그때가 좋았다고
송홧가루 날리며
예순네 해를 서로에게 뿌리내렸다

## 찔레꽃조기

오뉴월 해가 찔레꽃 허리에 손을 얹고 있는데
정지에서는 구수한 조기 냄새가 나고 탕국이 끓는다
열아홉 새색시가 맏동서와 제사음식을 만든다
대청마루에 큰 상을 펴고 제사상을 차린다

탕국을 가지러 정지에 갔다 온 사이
누렁이가 조기를 물고 장독대를 넘어가 버렸다
새색시는 발을 동동 구른다
매 같은 맏동서는 가늘게 찢어진 눈을 번뜩인다
솥에서 탕국 끓는 소리는 부글부글 크기도 하다
찔레나무 가시보다 아픈

도망가는 개를 본 시아버지가
밥상 앞에서 우는 며느리를 달래놓고
정지문을 향해 큰소리친다
*산 사람이 어른이지 조기 내가 다 묵었다*

맏동서는 스텐 그릇을 부뚜막에 친다

툇마루에 걸터앉은 햇살이 마당으로 도망간다


찔레꽃이 하얗게 숨넘어가던 열아홉의 여름

# 봄볕에 뜨락에 나와 앉아
― 부치지 못한 다산의 편지




이별할 때의 심정은 말로 다 할 수 없고,

수심愁心은 바다보다 깊어 밤마다 잠에서 깨어나는구려.

작별할 때 부인의 안색이 병색이라 염려가 컸는데 몸은 어떠시오?

학연이와 학유에게 약을 써서 잘 보살피라 하였소만 염려가 크구려.

고향에서 부는 서풍이 동풍으로 올 때마다 처자식이 생각난다오.

집을 떠나는 길에 하담荷潭에 들러 부모님 묘소에 하직하고 왔소.

하늘 같은 그 은혜에 보답도 하지 못하고 이렇게 꺾이고 말았구려.

미안하오. 운명은 사람의 힘으로는 이길 수 없는 듯하오.

초라하지만 살아 있는 것만으로 성은의 미침이라 해야 옳을 듯하오.

이곳 장기長鬐에 온 지도 두 달이 다 되어 가는구려.

탱자나무 울타리엔 탱자꽃이 하얗게 피고 처마 밑에서는 제비가

지지배배 지지배배, 매화나무에서는 참새가 온종일 떠들고 있구려.

새들이 자꾸만 내게 말을 거는 것만 같아 귀를 기울여보았소.

넓은 느릅나무 구멍에는 힘센 황새 때문에 범접도 못하고

해마다 초가집으로 이사해야 하니 가난함이 서럽다고 하는구려.

제비 신세나 내 신세나 다를 바가 없는 듯하오.

사람 하나 찾아오지 않는 집에 제비와 참새가 매일 벗 하러 오는구려.

제비도 가족이 둥지 속에 살아가는데 나는 혼자 적막 속에 살아가는구려.

당나라의 한유는 불교 공격했단 죄로 팔천 리 귀양 갔다

더니

  나는 천주교를 믿었다는 죄로 860리 귀양길을 왔구려.

  꿈길에라도 가고 싶은 고향집은 안갯길로 아득하기만 하오.

  이제 봄 날씨라 두꺼운 겨울옷을 갈아입어야겠소.

  얇은 옷을 보내주시기 바라며 부인도 모쪼록 평안하길 바라오.

            신유년辛酉年 4월 말에 장기長鬐에서 쓰다

# 콩나물과 예술 사이

 엄마, 이걸 콩나물국이라고 끓였어요? 구박이 간을 한다 정말 맛대가리가 없어요 맛만 좋구만 왜 그래? 콩나물은 삶아야 맛있지 왜냐구? 삶은 콩나물 같은 것이니까 진덤진덤 햇살이 탁자에서 데쳐지고 있다 아이의 잔소리는 씹히는 게 고소하고 참견이 좋아 나는 그릇에 국을 소복하게 담아 놓는다 지금 썰렁 개그 하세요? 잔소리만 하지 말고 여기 냄비 좀 봐봐 뜨거운 물에 자기를 죽이고 나서야 비로소 맛이 나는 거란다 엄마 술 한잔 했어요? 취한 거 같아요 아이가 괜한 시비를 비벼 온다 한 알의 콩은 죽은 것이 아니라 우러나는 거란다 도대체 무슨 말을 하시는지 알아들을 수가 없네 엄만 글만 쓰지 말고 집안일이나 좀 하세요 아이는 여전히 시큼하다 예술은 콩나물 같은 거야 알량한 자신을 깨끗이 다듬어서 새롭게 무치는 것이지 아이가 어이없게 미소를 푼다 콩나물과 아이 사이 시와 생활 사이, 그 시루에 내가 있다 아이가 국 한 그릇 깨끗이 비우는 중이다

# 동막 마을

모두 다 떠났는데
떠나지 못하고 남아 있는 의자 하나

동막 마을 빈집
허물어진 지붕, 떨어지는 기왓장
무성한 담쟁이덩굴

떠나지 못한 구멍 난 양말 한 짝
삭은 빨랫줄에 남아
아버지의 한숨처럼 펄럭이는 오후

고욤나무 아래 나뒹굴고 있는
다리 하나 부러진 의자
가느다란 다리 위로 어둠이 감겨 온다

허물어진 담벼락 너머로 보이는

서해안 갯벌

버려진 의자 위에 흐느끼며 앉는다

밀려오고 밀려가는 바닷물

밀려오고 밀려가는 사람들

텅 빈 갯벌 바라보던 의자

소금기 마른 몸을 뒤척인다

## 여우와 늑대의 오감도


  네마리의여우가산에서내려와도로위를어슬렁거리고있소.
  늙은늑대가킁킁킁, 암내를맡으며눈에불을켜고뒤쫓아가고있소.
  (네마리의여우가머리풀어헤치고맨발로여의도광장을뛰어다니고있소.)


  첫번째여우가늙은늑대에게모가지가물렸다고그랬소.
  두번째여우가늙은늑대에게젖가슴이물렸다고그랬소.
  세번째여우가늙은늑대에게엉덩이가물렸다고그랬소.
  네번째여우가늙은늑대에게새끼까지바쳤다고그랬소.
  다섯번째여우가늙은늑대에게유령이면나가라고그랬소.


  네마리의여우는배움에허기를채우려다잡아먹는늑대와잡아먹히는여우들과
  그렇게한소굴에모여글공부를했소.

(네마리의여우들은늑대의소굴에가지않는것이차라리나았소.
늙은늑대는일주일에한마리씩여우요리를했소.
늙은늑대의집앞을어슬렁거리는여우들은모두잡아먹혔소.)


그중에모가지가물린첫번째여우가힘이없는여우라도좋소.
그중에젖가슴이물린두번째여우가돈이없는여우라도좋소.
그중에엉덩이가물린세번째여우가빽이없는여우라도좋소.
그중에제물까지바친네번째여우가혼자사는여우라도좋소.
길거리로나와서살려달라고외치기라도하시오.
광화문사거리에나와서살려달라고외치기라도하시오.


(네마리의여우들은시나브로피흘리며죽어가고있소.
사방은트인길이요길끝에는방송국도있소.
빨리문을열고방송국안으로들어가는것이마땅하오.)

## 불치

이십 년 이상 앓고 있다

쉽게 낫지 않는다


신열이 난다 오한이 들고 춥다

머리가 지끈거리고 가슴이 뛰고 자주 멍해진다

어깨와 목이 뻐근하고 온몸이 노곤하다

밤을 새는 날이 많다

흔들리는 벚꽃만 봐도 마음을 빼앗긴다


흑석역에 내려야 하는데 고속터미널역까지 간다

전철 선반에 목도리를 놓고 내린다

자동차 키를 꽂아둔 채 문을 닫고 내린다

충전하던 휴대폰을 강의실에 두고 나온다

세탁한 빨래가 통 안에서 잠을 잔다


밥을 하면서도 빨래를 널면서도 걸어가면서도

머릿속에는 온통 그의 생각으로 빼곡하다

자려고 누웠다가도 벌떡 일어난다

누가 불러주는 말이 들려 노트에 적는다


독감보다 지독한 상사병,

시를 앓고 있다

약이 없다 행복한 불치다

## 함부로 밀지 마라


누가 함부로 댔는가
참 많이도 밀어 놓았다
누가 거뭇한 산을 드잡이했는가
참 많이도 깎아 놓았다

강원도를 밀고 충청도를 깎고
경상도를 베고 전라도를 쳤던가
산마다 벌겋다 여기저기 가칫거린다
밀고 깎고 베고 치고 제멋대로다

초록의 숲 많은 산은 다 어디로 갔나
깎아 올라가다가 모른 척 쑥 잡아 올리는
바리캉 같은 난개발들

민둥산이 절벽을 집어 들고
산길에 날을 갈았다

야, 이놈들아
왜 허락 없이 대머리를 만들고 있느냐

이 산 저 산에서 발파음이 들려온다
나무 한 그루 심지 않는 자들이
산에 더러운 거품을 묻히고 있다

## 하마터면 말할 뻔했다

중고서점에서 보았다
반가운 L 교수님의 시집
책날개를 여는 순간
○○○에게, 그 아래 서명이 빛바랜 채
웅크리고 있었다

이 시집은 어쩌다 집시가 되어 떠돌았던 것일까
한때 누군가에게는 머리 조아릴 위안이었다가
친분을 드높일 수단이었다가

이제는 쓸쓸히 헌책방 구석에서
먼지를 행간에 들여놓았다

나는 생각하게 된다
추운 겨울 주택가 담 모퉁이에 내앉은 기분
꽉 찬 책장에서 밀려나 노끈으로 묶인 기분

고물상 저울 위에서 몇십 원의 무게가 되는 기분

얼마 전 그 L 시인을 만났다
헌책방에 사인본이 나돌까 봐
이제 시집은 아무나 주지 않는다고
껄껄 웃었다
그 말에 하마터면 말할 뻔했다

집에 돌아와 그 시집, 첫 장을 다시 열어 보았다
사인 끝 마침표에서 휘몰아치는 목소리
이 멍청한 놈아, 버리려면 문신이나 떼고 내놓으란 말이야

시집을 덮자 갑자기, 요의가 밀려왔다

# 어떡하니

소설을 맛깔나게 쓰기 위해
내 시의 맛을 음미하려 했더니
어떡하니
시선詩仙의 세계에서 음풍농월하고 있네

이 밭 저 밭 기웃대지 말고
한 평 밭이라도 잘 매야 할 텐데
어떡하니
시에 반해 사랑에 빠져 날 새는 줄 모르네

소설은 어디로 가고
날마다 시만 수북이 쌓였더라
소설가는 어디로 가고
어느 날 시인이 되었더라

## 2부 달리는 펑크

# 달리는 펑크

펑크가 컸다. 천둥처럼 터졌다. 고무 타는 냄새가 고속도로를 시커멓게 그을렸다. 스페어가 오후를 갈아 끼웠다. 너덜너덜한 타이어를 보며 차들이 꼬리를 물었다. 펑크는 다른 펑크를 견인한다. 기름을 먹고 터진 타이어 조각들이 정체를 뱉어냈다.

엉뚱한 데서 뚫리는 체증은 다분히 펑크적이다. 약속은 거래처를 구멍 냈다. 물품 대금이 틀어졌다. 과속은 쉴 새 없이 내리막길을 몰았다. 회수된 하행이 수리되었다.

메웠던 월급이 펑크가 났다. 사람이 펑크가 났다. 가계에 펑크가 났다. 초대할 손님이 펑크가 났다. 아침저녁 때우던 태양에 펑크가 났다. 양복 주머니에 펑크가 났다. 지갑이 펑크가 났다. 양말이 펑크가 났다. 펑크 속에서 식구들이 숭숭거렸다.

## 燕鴻相違 연홍상위
— 형제에게 바치는 시


欲存餘韻心思違 욕존여운심사위

欲發餘響筆鋒尖 욕발여향필봉첨

方且庸心何時刮 방차용심하시괄

不如硯上磨墨盡 불여연상마묵진


여운餘韻을 남기려 하니 심사가 뒤틀리고

여향餘響을 살리려 하니 붓끝이 뾰족하다

모나고 옹졸한 마음 언제 다 다듬을까

벼루에 갈려 나가는 먹 하나만도 못하구나

# 툇마루에 걸터앉아 달을 보며
— 부치지 못한 다산의 편지


미명에 일어나니 풀벌레 소리가 지천으로 깔려 있소.

마당에 나가 풀섶에 매달린 이슬을 더듬어 계절의 변화를 느끼고 있소.

한낮에는 그늘을 찾게 되고, 매미 소리는 혈기왕성한 청년의 소리지만,

곧 새로운 계절의 주인에게 자리를 내주어야 할 시간이 다가오고 있소.


지난번 인편에 누에를 친다는 말을 전해 들었는데 어찌 잘하고 있소?

아녀자 혼자 자식들을 건사하며 양잠까지 하느라 고생이 많겠구려.

뽕 따는 일과 잠박蠶箔 까는 일은 학연이와 학유가 도와주겠구려.

아비가 옆에 없어서 학연이 학유가 학문에 소홀히 하는 건 아닌지,

폐족廢族의 자식으로서 잘살아가려면 독서밖에 없는데 염려가 되는구려.

마음은 그곳에 있으나 어찌할 수 없이 육신은 이곳에 있으니

부인에게 큰 짐을 지우고 있는 것 같아 미안하오.

욕심을 버리고 함께 전원에서 소박하게 늙어가자 기약하였더니

인생에 생각지도 못한 이별 수가 일어나서 참으로 애통하오.

장기長鬐에 온 지 다섯 달이 지났지만 아직도 믿어지지 않는 일이오.

밤에 잠을 이루지 못하고 인시寅時에 마당으로 나와 보니

달빛이 툇마루에 걸터앉아서 나에게 말을 거는 것만 같구려.

달빛과 나는 오랜 친구인 양, 서로의 마음을 읽는 듯하여,

부인한테도 내 마음을 전해 줄 것만 같구려.

달빛은 한참을 머물다 저 멀리 소나무 위로 떠나고 있소.

나는 매일 한밤중에 잠 깨어 툇마루에 걸터앉아 달과 벗이 되어가고 있소.

저 달이 몇 번 기울어야 집으로 돌아갈 수 있을지….

달빛에 편지를 쓰면서 그리운 마음 달래며 지내고 있구려.

그래도 살아 있으니 작은 소식이라도 전할 수 있는 것이 아니겠소.

모쪼록 부인도 아이들과 무탈하길 바라오. 이만 줄이겠소.


신유년辛酉年 8월 장기長鬐에서 쓰다

# 가슴벽

새로 이사 온 옆집의 소음이 잦다
가만히 귀 기울이면 벽 타고 넘어오는 악음樂音,
*살 만큼 살았는데 아프면 죽으면 되지*
사내의 큰소리가 자꾸만 꽂힌다

벽이 흐느낀다
저마다 한 번씩 못을 박듯

불똥 튀는 콘크리트못이면서
서서히 꼼짝달싹 못 하게 죄는 나사못이면서
삐딱한 채로 기어이 박혀오는 대못이면서

누군가 대못을 치고 있다
못이 누군가를 치받고 있다

**전생에**
**어미 가슴은 벽이었나 보다**

## 풍경이 살풍경을 말하다


사찰에 검은 칼바람 미명을 갈랐어
가죽점퍼와 군홧발이 적요를 흔들어 깨웠어
허공을 찢어발기는 가죽부대 소리
잠자던 홍련들 비명을 지르며 각혈하고
달빛 소복한 눈 위에 흩뿌렸어

진실이 하얗게 눈 속에 짓밟히고
거짓이 붉게 어둠을 밝히던 그날,
총구에 찍히고 짓밟혀 뭉개진 꽃대궁 위로
찢어진 가사 장삼 소복처럼 휘청거렸어
법당 옆에 배롱나무도 몸서리치며
바람을 부둥켜안고 울부짖었어
삼청교육대가 도량 안에 부활한 것 같았어

처마 끝에 매달린 물고기는
댕그랑댕그랑 언제 떨어질지 모를

바람 앞의 목숨 한 입

뻐끔뻐끔 뜬 눈으로 지켜보았어

*나무화장세계해 비로자나진법신*

온몸으로 부딪치며 법음을 울려 보냈어


참혹한 군홧발이 그려놓은 살풍경을

참회의 맨발이 지우길 날마다 합장했어

다 벗고 무소유의 몸으로

진흙탕 속 연꽃처럼 살아가길 풍경으로 말했어

# 배롱나무
―혜성 대종사*


묵언수행 중이던 배롱나무에 몰아친 칼바람
새벽 법당은 비명과 선혈로 범벅이 되었다
하얗게 질린 달빛이 몸을 떨었다

진돗개가 밥그릇을 차며 대웅전을 지키고
목어가 밤새 뜬 눈으로 그것을 지켜보았다
총칼에 찍히고 군홧발에 짓밟힌 나무 하나
구금대로 개처럼 끌려갔다

개판이다 정치판도 도덕도 법도 양심도
마구니[魔軍]의 시나리오 누명을 쓰고
가사 장삼 다 찢기고 알몸이 되었다
개머리판으로 맞은 몸,
거적때기에 말렸다 탈장이 되고 항문이 터졌다
고문은 질기고 붉었다

육신을 잃고 혼몽인 듯 극락인 듯 지옥인 듯

먹물 바지저고리 입고 출가하던 스무 살

그 새벽길이 까무룩 떠올랐다 무너졌다

다시는 승복을 입지 않겠노라

허위진술 강요받고 치탈도첩褫奪度牒 당했다


훨훨 날 수 없는 사바의 시간

가진 것도 버릴 것도 없다

사바의 눈보라에 발을 묻고 알몸으로

붉은 자비를 꽃피운 나무 한 그루

---

\* 조계종에서 이르는 비구 법계法階의 첫째. 1980년 10·27법난의 가장 큰 피해자 스님.

## 매화가 나에게

비스듬히 이어지는 돌담을 지나면
매화나무 한 그루가 뒷짐 지고 서 있다
분분히 날리는 측은이 그윽하다

세자 책봉 문제로 임금에게 직언하다
남해로 유배당한 충신 김만중 신세나
부모 봉양 문제로 형제에게 직언하다
한밤중에 다섯 번이나 내쫓긴 충직한 내 신세나

비뚤비뚤한 매화 나뭇가지가
손바닥을 사락거리며
달래주었던가

늙고 병든 부모 밥 한 끼 지어드리고
내쫓긴 신세, 친정집에 왔다가
끝내 돌아서서 남해 노도櫓島에서

잠을 자야 하는 내 처지야

삿갓처럼 눌러쓴 유배지, 노도의 끝
아직도 기다리고 있구나
매화나무 한 그루 꼬깃꼬깃 접어놓은
꽃망울!

# 눈치

마스크 쓰고 시 수업 가요

전철 안에는 마스크로 붐벼요

마스크를 사요

마스크가 마스크를 사재기해요

꽁꽁 싸맨 마스크들

빼꼼, 눈동자만 굴려요

마스크 쓰고 교실에서 공부해요

까만 마스크가 기침을 해요

마스크의 뒤통수가 따가워요

마스크가 숨을 죽이고 고개 숙여요

의자들이 삐거덕 떨어져 앉아요

종소리에 마스크가 하나들씩 나가요

마스크 안에서 지구가 흔들려요

재채기를 할 수 있는 권리조차 사라진 날
검은 눈이 흩날리는 밤이에요

## 물싸리꽃을 기다리다


막차로 떠난 그녀를 다시 볼 수 없었다
하루 몇 달 일 년이 지나자
마음의 화원도 시들기 시작했다


척박한 주말이면 자주 목이 말랐다
온몸에 힘이 빠졌다


물 따라 바람 따라 영영 가버린 걸까


황매화가 덧없이 피고 지고
금랍매가 필 무렵
태종대 절벽에 올랐다
바위틈 너머
노란 꽃핀의 그녀를 본 것도 같았다


물싸리 싸리 꽃잎에

맺혀있는 이슬이 그렁그렁

차창에 비친 그녀 눈빛이었다

# 땅은 내려다보고 있는 멍든 하늘이다

영등포역에는 하늘을 베고 누운 새들이 많다

하늘 무서운 줄 모르고 뛰는 땅값 때문에
새들은 서울 변두리쯤에
둥지 하나 트는 것이 꿈이 되었다

없는 세간에 열두 번의 이사로
입안과 발가락 사이에 염증이 난
저 날지도 못하는 날개 찢긴 비둘기 한 마리
하늘을 베고 누워 있다

영등포역 광장에는 둥근 마이크 들고
십자가를 부르며 울부짖는 새 떼들이 많다

어떤 새는 하늘에다 대고 종주먹질하고
어떤 새는 오물을 덮어쓴 하늘에 꿇어앉아

쏟아놓은 토사물을 쪼아 먹는다

딱정벌레 한 마리

하늘에 엎드려 찬송가를 끌고 간다


땅은 내려다보고 있는 멍든 하늘이다


영등포역 광장에는

오늘도 많은 딱딱한 등껍질의 거북이 지나가고

날개 부러진 비둘기가 지나가고

둥지 잃은 까치가 목을 비튼 채 지나간다

## 공생


원예학을 공부한 현식이 막걸리가 든 주전자를 들고
고목의 주변을 한 바퀴 돌며 고목에 술을 먹인다

—고목이 막걸리를 먹으면 오래 산대요
—신기한 일이네요, 고목이 술을 먹다니
—가을에 오시면 들국화가 예쁘게 피어있을 테니 꼭 오세요
터줏대감이 되어버린 처사 현식이

현식은 고목의 가슴에 시든 들국화 한 송이를 심는다
허공으로 휘날리는 반백인 그의 머리카락
누구도 돌보지 않는 고목
쓰러질 듯하고 있는 황토 민박집
현식은 연못 주변에서 시들어가는 들국화에 물을 준다

가을에 다시 만난 고목과 들국화

긴 장마철

천둥과 비바람 맞으며

텅 빈 몸,

숱도 없이 허옇게 탄 머리

고목의 가슴 위에 시든 들국화 한 송이

가늘게 웃으며 다시 피어난다

## 북한강에서

물 위에 있던 너는
그대로 물이 되었을까
개망초꽃 속에 있던 너
그대로 꽃이 되었을까

강물은
그때처럼 말없이 흐르고
꽃은 다시
속절없이 피었는데
세영아!

밤은 아직 졸지도 않고
별은 아직 사라지지도 않았는데
반달 같은 너는
강을 따라 떠나갔느냐
꽃을 따라 떠나갔느냐

북한강 물은

여전히 흐르고

개망초꽃은

여전히 피어있는데

## 시의 힘


퇴근길에 벌떼처럼 나온다는 금천구 법원단지

정기휴일에 상가 보러 나간다

이쪽은 보증금 천만 원에 월세가 백만 원입니다


택시를 타고 화곡동 신영시장으로 간다

목 좋은 곳에 방 딸린 싼 점포

눈 비비며 찾는데 안 보인다


가겟방은 나의 글 감옥인데

지친 두 다리에 매달린 돌덩이


학교에 지각이다

너무 피곤한데 가지 말까? 합평작이 두 편인데 가야지

목요일 오후를 달리던 버스 바퀴의 고무 타는 냄새

밑창이 닳은 두 개의 바퀴를 빠르게 굴린다

*'공생' 수정본도 좋고, '북한강에서'는 지금까지 내신*
*신작 시 중에서 가장 형상화가 잘 된 시에요*
L 교수님의 합평에 졸리던 두 눈이 번쩍
처져 있던 어깨와 몸에 힘이 솟는다

별을 이고 집으로 돌아오는 길
새로 태어난 아이들을 등에 업고
꾸벅꾸벅 졸면서 걸었다

# 산문散文에 기대어

「산문山門에 기대어」를 쓴
송수권 시인의 시는
죽은 누이를 그리워하는 아름다운 시인데

산문散文에 기대어 쓴 내 시는
헤어진 옛 애인을 그리워하는
수필이 되어 나타나니
산문은 산문이되 같은 산문이 아니로구나

그 산문은 좁은 산문인가, 넓은 산문인가

산문散文을 모두 없애 버리면
시가 제대로 나올 것도 같구나

# 3부 매괴화 두 송이

## 발견자 양금숙

시 써야지 시 써야지, 커피만 뽑고 있는 친구
'견자見者'는 시인을 두고 한 랭보의 말이라는데

길을 걸으면
땅바닥에 떨어져 있는 동전을 잘 찾고
시를 펼쳐 보이면
행 속에 숨어 있는 눈물을 잘 찾고
테이블에 둘러앉은 사람들 목소리에서는
날카로운 뼈를 잘 찾고

십 년 전, 시를 계속 써보라고 말해주었던 친구
지나고 보니 금숙이는 랭보 같은 시인이었어

써야지 써야지,
커피는 오늘도 쓰기만 하고

## 넝쿨아내

기를 쓰고 담장에 몸을 걸치고 있다

제 가시에 찔리는 줄도 모르고

벌건 대낮에 옆집 사내를 유혹한다

왜 자꾸 우리 집 장미는 옆집 사내 방을 기웃거릴까

장미 고개가 옆집으로 돌아간다

옆집 남자가 담 밑을 서성거린다

그림자가 길다

장미는 밤마다 귀를 바짝 세운다

옆집으로 가는 붉은 발자국

발소리를 보고 장미가 컹컹 짖는다

달아오른 여자가 자꾸 집을 나간다

훌쩍훌쩍 매달린 꽃봉오리들 팽개치고

담 넘어간 요염한 그 여자

해는 지친 지 몇 해

담장 여기저기에 굵은 가시가 박혀 있다

# 매괴화 두 송이
— 부치지 못한 다산의 편지



오늘은 고대하던 학연이의 편지를 받고 반갑고 큰 위로가 되었소.

작별할 때 부인의 안색이 위험해 보여 학연이와 학유에게 영양 있는

음식으로 보하고 약을 써서 잘 보살피라고 했는데 건강은 어떠하오?

학연이의 병이 여증餘症이 있고 어린 딸도 잔약해진다고 하니 염려되는구려.

내 병은 조금씩 나아지고 있는 듯하오. 불안증도 전보다 나아지고 있소.

이곳 장기長鬐에서 생활한 지도 80일이 지났구려.

지금도 그때의 일들이 믿어지지 않아 한밤중에 잠에서 깬다오.

어제는 꿈속에서 부인을 만났소. 식구들 소식을 들으려고 그랬나 보오.


오늘은 장기읍성에 갔다 오다가 장기천에서 매괴화玫槐花

를 보았소.

자홍빛 까끄라기 솜털과 초록색 가시가 송송 박힌 매괴화 두 송이를

땅이 낮고 습하고 눈에 띄지 않는 곳에서 자라고 있었소.

돌보는 이 없는 척박한 곳에서 가시털로 제 몸을 지키면서 말이오.

날마다 황량한 마음의 길 배회하는 나를 보는 듯했소.

어떤 사람들은 매괴화를 배회화徘徊花, 해당화, 라고도 한다오.


곱디고운 저 꽃이 황량한 길가 가시덤불 속에 피어 있다니

척박하고 외진 곳에서 숨어 살아가고 있었소.

꽃이 말을 거는 듯해서 한참 동안 꼿꼿한 매괴화를 보았구려.

꽃을 바라보니 먼 곳에서 고생하고 있는 부인 생각이 났소.

부인의 몸이 아파도 옆에서 돌봐주지도 못하니 애통하

구려.

다홍빛 한복 치마 곱게 차려입고 내게로 시집왔던 부인에게

뭇 사람들의 화살이 마구 날아들지나 않을까 염려가 되는구려.

척박한 생활일지라도 매괴화처럼 잘 견뎌주길 바라오.


내일이면 단옷날인데 딸아이 생각이 많이 나는구려.

옥 같은 살결에 붉게 물든 모시 치마 입고 창포물에 머리 감고

창포 잎 머리에 꽂고, 절 익히던 일곱 살 딸아이가 보고 싶구려.

어여쁜 딸아이와 놀아주지 못해 마음이 아프구려.

어쩌다가 생이별을 하게 되어 자식들과 부인에게 미안하오.

부인도 아이들도 건강하길 바라오. 이만 줄이겠소.


                신유년辛酉年 5월 말에 장기長鬐에서 쓰다

# 홍시 1


여기저기 찍히고 파먹힌

늙은 몸,

까치밥이 되었다


제 몸 하나 건사하지 못해

땅바닥에 생혈을 쏟는다


마당에서 군데군데 뜯긴 아버지

## 무쇠솥

새벽이 홰를 치면 달은 지붕에 올라앉아 부엌을 내려다본다 그녀가 불을 꺾어 청솔가지에 지핀다 무쇠솥이 흰 눈물을 뜨겁게 흘린다 불잉걸을 따라 열기는 안방 구석구석 잠든 아이들의 등이며 무릎을 어루만져줬을 것이다 군대 간 아비는 소식이 없고, 매운 연기에 우는 건지 눈물이 매워지는 건지 내내 허리를 펴지 못하는 그녀, 잔 손길이 분주하다 그 긴긴 날들이 누룽지였던가 그녀가 말없이 무쇠솥을 박박 긁어대기 시작한다

## 금남로錦南路

봄비도 네 목소리를 불러오지 못했다
아지랑이도 혼을 피워놓지 못했다

오월에 멈춘 맥박은
어느 하늘에서 뛰고 있는지

검은 보자기로 하늘을 덮던 까마귀 떼
무등산 위로 머리 풀고 올라가던 안개

영산강물 한 줌 떠니
손안에 건져지는 붉은 비단들

1980년 5월 18일

## 강 쪽으로 굽은 소나무



뿌리는 산비탈에 박고
몸은 바람에 넘어질 듯
푸른 낙동강물 위로 기울었다

무슨 사연이 있기에
고향을 등졌을까
등은 굽어지고 머리는 산발이다

옆에 선 가족들마저
산을 등지고 강물로 향하였다

무슨 말 못할 사연이라도 있을까
소나무 일곱 그루가 일제히
강으로 몸을 굽히고 있는 것이다

저 강물 따라 흘러가고 싶어서

허리를 굽히고 있는 것일까

강 쪽으로 굽힌
고개를 펼 줄 모른다

## 도모지 塗貌紙
― 삼보스님

새벽 새소리 짓밟으며 들이닥친 군홧발 소리
아침공양을 검은 가죽점퍼들이 에워쌌다
*횡성경찰서에 간첩 한 명 검거됐습니다*
*대질심문 위해 가야겠습니다*
스님은 들고 있던 수저를 가만히 내려놓았다
실탄을 장전한 권총
진돗개가 컹, 컹 군복바지를 물어뜯었다
지프차에 오르자마자 두 팔이 꺾였다
지프는 횡성경찰서에 서지 않았다
토굴 같은 취조실에 군복 한 벌 고무신 한 짝
천장에 매달린 알전구가 충혈된 눈으로 내려다보았다
쇠몽둥이부터 날아왔다
개처럼 두들겨 맞고 개새끼처럼 바닥에 내동댕이쳐졌다
욕설과 선혈이 시멘트 바닥에 낭자했다
얼굴에 물수건 덮어쓰고 의자에 거꾸로 묶였다
도대체 알 수 없는 이 도도지 塗貌紙

겹겹의 물종이로 뒤덮인 하늘

짐승의 눈을 뜬 마구니[魔軍]들이었다

치탈도첩褫奪度牒 당한 1천 4백 22일

10·27 법난 증언 보고하다 할복을 시도했다

한 겹 두 겹 덮어쓴 거짓의 물종이

한 층 한 층 벗겨내야 할 법난의 진실

# 목련 아동 꿈터


 언니가 해고 당했어요 목련 봉오리가 아이들처럼 흐드러진 봄날이었어요 언니는 직원으로 취직했거든요 아름드리 나무가 눈에 선한 정원이 화사했어요 그런데 원장은 바이러스 같았어요

 없는 자격증으로 시설을 운영하고 없는 사회복지사 이름으로 인건비를 지원받고 없는 입소생의 이름으로 교육비를 지원받고 없는 실습생의 이름으로 실습지를 써주었고 지적장애인 이름으로 생계비를 탔어요

 없는 것을 찾아내고 확인하던 언니는 입사한 지 한 달 만에 잘렸어요 해고당하던 날 밤, 목련 봉오리들이 강한 바람에 쏟아졌어요 한 달 뒤 경찰서에서 전화가 왔어요 언니가 명예훼손으로 고소당했대요 고소하고 싶었던 사람은 언니인데 정보통신법을 위반했다는 거예요

언니는 백신이 되겠다고 다짐했어요 여성가족부와 시장에게 민원을 넣고 학대아동신고센터에 접수하고 노동부에 고발하고 인권위원회에 진정서를 올리고 국민권익위원회의 신문고에 글을 올렸대요

이윽고 4월이 되자 목련 봉오리가 다시 피어나기 시작했어요 바이러스를 격리시키듯 원장은 끝내 정원을 떠났어요 아이들은 하나둘 꽃을 피웠고 파릇한 잎들이 무성해졌어요 언니는 그 바이러스로부터 완치되었어요

# 공터에서 낚아 올린 것들


 바람이 불 때마다 출입구 유리문이 흔들린다. 행인들은 한 명도 들어오지 않는다. 개미조차 얼어 죽었는지. 허공에 찬 바람만 매달리고 있다. 벽에 걸린 치마와 코트 자락이 어깨춤 춘다. 오늘도 공치는 날, 텅 빈 제물포에서 시를 낚는다. 제물포에는 제물포만 있다. 2017년 일 년 동안 낚은 습작 시를 꺼내 본다.

 2017. 1월. 누굴까? 병신년을 보내면서, 구두 세 켤레, 시타령 술타령, 바람, 바람, 8.3의 애인.
 2월. 살다 보니, 슬픔, 절망, 너 때문에, 제물포에서, 수재민이 되고, 길 위에서 길을 잃다, 바닥, 죽으면 살리라, 곰들은 자작나무보다 술을 더 좋아해, 이슬.
 3월. 아버지, 제주도에 와서, 돼지고기를 썰다가, 짚불꼼장어를 굽다가, 삼계탕을 먹는다, 그대, 혼자 먹는 밥, 인연, 악연들.
 4월. 남의 속도 모르고, 아버지는 매일 개와 함께 잠이 들고, 삐쭉삐쭉, 자화상, 영등포역에는, 노숙자, 바퀴벌레를 죽이고, 봄이 왔습니다.

5월. 그녀, 이름, 배 복지, 잠속에서, 고추, 불면, 올라가요 올라가요, 다시, 갯벌의 구멍이 열린다, 둥글다, 그녀의 방.

6월. 종점에서, 우는 냉장고, 그는 탬버린 나는 첼로, 빨간 등대, 방두포 등대, 바다의 흐느낌, 펑크, 울려 퍼지고 있더라.

7월. 질경이, 그녀는 새파란 고추튀김을 먹는다, 세상 밖의 사람들, 발바닥에 불났다, 모두 내린다, 소나기.

8월. 어머니, 꿈속에서, 붉은 글라디올러스를 보셨습니까, 악몽과 절규, 숨길.

9월. 감기, 귀로 우는 벚나무, 고향, 그래도, 보고 싶은 얼굴, 지붕 위에 갇힌 눈.

10월. 목요일, 고장 난 벽시계, 누구나 칼 하나를 품고 산다. 대어 낚시.

11월. 소라, 너에게 보내는 편지, 시를 쓰는 나에게, 하마터면 말할 뻔했다,    미투.

12월. 공터에서 낚아 올린 것들, 동짓날, 버려진 나, 서울역, 달빛 속에서, 발가벗은 몸으로도 살아 있다, 아! 아버지 어머니, 통곡의 강.

찬바람이 분다. 돈 세듯 별을 세며 시를 번 한 해다.

꽃무덤

사월의 꽃 지고 나면 네가 온다더니

오월의 꽃으로

꽃잎 한 송이 피우기도 전에

텅 빈 꽃자리

무등산은 가끔 소복을 입는다

## 불면

아버지가 던진 술병에 머리를 꿰맨 석이는

아동 그룹홈 옥상 가에서

해바라기를 하다가 개밥바라기를 보다가

밤이 되면 찢어진 낙엽이 되어 거리를 떠돌았다


남의 집 담 밑에 쪼그리고 앉아

추운 밤을 떨며 악몽에 놀라 깨던

석이의 밥그릇에는

눈이 상한 고등어 머리 하나


그룹홈 대표는 새로 하나 더 장만한 아파트값 걱정을 하며

애완견 말티즈에게 프랑스산 사료를 먹이고

석이와 같이 떠돌 야윈 고양이가

담 밖에서 비명처럼 우는 밤

시커먼 바람이 창문을 검게 칠하다 얼어붙었다

나는 이런 아이들을 내 잠에 들이며

튼 손을 잡아주다 깨어나곤 했다

# 사 살려 주 주세요

아 아버지 그 소 손에 든 소주병
유 유리 재 재떨이 더 던지지 마세요

아, 피 피 피 사 사람 살려 주 주세요
바 밖에 누 누구 없어요?

아 아주머니 옆집에 후 훈이 인데요
저 벼 병원에 좀 데려다 주 주세요
머 머리에서 피 피가 자꾸 흐 흘러요

태 택시 아저씨 저기 고 고잔역 앞에
고 고대 병원에 좀 데 데려다 주세요
아 아주머니 우리 아버지 하 한테는
벼 병원 아 알려주지 마 마세요

서 선생님 아 아버지가 저를 주 죽이려고 해요

수 술만 먹으면 카 칼도 던지고

네 그 그렇게 청소년 쉬 쉼터에 가서 살게요


어 엄마, 바 밤마다 시커먼 옷 이 입은 아버지가

나 나를 자 잡으러 책상 밑으로 오 오는 꿈을 꾸어요

아 아버지 그 소 손에 든

# 영혼을 적시는 시

나는 그대와
그대는 나와
전국의 도서관에 들어가리라

가자 도서관으로
가서 우리
화살처럼 꽂히자
키 큰 도서관 서가에

꽂혀서
누군가의 영혼에
촉촉한 단비로 남자

나무의 몸을 빌려 다시 태어나
너와 나 도서관에서
오래오래 화살처럼 꽂혀 있자

# 4부 녹두죽이 먹고 싶다 했더니

## 달밤

백내장이 와서 눈이 불편한 어머니
파킨슨병으로 걷지 못하는 아버지

스테인리스 양푼에 받아 둔
오줌 한 그릇
생맥주인 줄 알고 드시다 사레들렸다

밤이 하얗도록 거실 창가에
커다란 보름달이 걸려서
'봉선화 연정'을 자꾸 부르는 어머니

# 가방

십오 년을 사용한 가방

양쪽 어깨끈이 떨어졌다

고장 난 지퍼, 뜯어진 실밥

온종일 그녀의 방구석에서

입을 헤벌쭉 벌리고 앉아 있다

번쩍이던 금니가 다 빠진 가방

뭘 넣어줘도 삼키지 못하고 흘린다

어깨 줄은 끊어지고 축 늘어진 몸이다

옆에 있던 꽃무늬 손수건이

늙은 그녀의 입을 깨끗하게 닦아 준다

# 번개엄마

보릿고개 넘기던
열일곱 새색시의 고사리손
거북의 등껍질이 되어 갔다
새벽이슬 참 많이도 밟았지

시금치와 상추 오십 단
자라목이 되도록
머리에 이고 다니신 우리 엄마

번개처럼 팔고 온다고 번개시장인가
새벽 통학 열차 비둘기호를 타고
비둘기처럼 가볍게 시장에 다녀오신
까만 무쇠솥을 닮은 엄마

팔순 노인이 되었으나
밥 한 숟가락 해 줄 자식 놈 하나 없다

*공기 좋고 너른 내 집 놔두고 요양원이 웬 말이고,*
*나는 내 집에 살란다*
큰오빠는 엄마의 굽은 등 뒤에 대고 쏘아붙였다
*밥도 못 해 먹을 정도 되면 엄마도 요양원에 가야지*

집을 돌아 나오는 내내
무쇠솥에서 흘러내리는 밥물 마냥
눈물이 뜨겁게 앞을 가렸다

## 활과 휠체어



어쩌다가 활이 되었을까 어머니의 등은
여든 노구를 이끌고
휠체어에 앉은 아버지를 밀고 있다

집으로 돌아서지 못하고 있는
내 발길

활이 미는 휠체어
천천히 신작로를 따라 굴러간다
하얀 대문 경로당 웃음꽃밭 사이를 지나
미루나무를 지나
늙은 황구 한 마리를 지나
어슬렁어슬렁 지나간다

따뜻한 고봉밥만 한
엄마의 등

그 앞,

휠체어에 대롱거리는 아버지의 두 다리

봄바람이 분다

저 멀리,

바위처럼 무거운 부부가

길 위에서 갈잎처럼 굴러간다

# 녹두죽이 먹고 싶다 했더니

**셋째가 녹두죽을 끓여 왔더라 니도 같이 먹자** 그래도 셋째가 제일 낫다 이래 허리 병신이 돼 가지고 너그 아부지 수발들자니 **내가 죽을 지경이다** 십 년 됐네 너그 아부지 간병한 지, 다 늙어 가지고 태양초 고추 농사는 뭐 할라꼬 짓는다고 캐쌓는지 모르겠다 숙아, **내캉 살자** 인자 애들도 대학생이 되었으니 저거들끼리 밥은 차려 묵잖아 맏며느리? 내 입이 효자 효부 만들어 줬지 효부는 개 코가 효부? 그럼 우짤끼고? 택도 없는 소리 마라 제사, 명절, 생일 때나 오지 안 온다 같은 지역에 살면 뭐 하노 코빼기도 안 비추는데, 셋째는 자주 온다 부엌에 **밥 찾으러 가는 길이 십 리 같다 저기 텔레비전 좀 봐라 저 영감은 우째 저래 복이 많노?** 구순이나 되었다는데 자식하고 같이 사네 복도 많은 영감이다 금지옥엽 키워 놓으면 뭐 하노 지 마누라 지 자식밖에 모르는데, 동네 사람들한테는 잘한다고 내 입이 효부 만들어 줬지, 지가 들어와서 못 살면 다른 동생들이 모시고 살라 카면 고맙다 해야 할 낀데 그 꼴은 또 못 보니 내가 죽을 지경이다 나는 **요양원에**

**가기 싫다** 너그 아부지하고 주간 요양원에 몇 번 가 봤는데 치매 걸린 할매가 문에 매달려 **내 집에 가고 싶다, 소죽 퍼주러 가야 한다**며 우는 거 보니 **내가 우울증 걸리겠더라** 대궐 같은 내 집 놔두고 요양원에서 감옥살이하는 거 싫다 텔레비전에 **저 영감처럼 내 집에서 살다 죽고 싶다 내캉 살자 숙아!**

꽃물

앞산 진달래꽃 활짝 피더니
아버지 방에도 꽃이 피었다

방문 열어 보니
여기저기 원을 따라
피어 있는 노란 발자국들

방안에는 빈 휠체어뿐

*엄마, 이것 보세요. 아버지가 꽃이 되었어요*
*느그 아부지 암만해도 가실랑갑다*

휠체어가 돌아다니며
방안 가득 피워 놓은 봄꽃들

나는 물걸레로 꽃들을 훔쳐낸다
발바닥에도 손바닥에도
산수유 향기가 노랗게 피어오른다

## 검은 도마

친정집 부엌에서 설거지한다

활처럼 등이 굽은 엄마
부엌에 못 들어간 지 사 년째다

싱크대에 세워진 플라스틱 도마 둘
몸뚱이가 시커멓다

칼로 긁어내도 지워지지 않는 멍
도마의 가슴 깊숙이 스며든
숯덩이다

설날에 봤을 때보다 더 시커멓고 넓게 퍼졌다

햇볕이 드는 베란다 창가에 내놓고 일광욕을 시킨다

거실 소파 위에 누워 있는 엄마의 얼굴에
검버섯이 커다랗게 번진다

# 동짓날

요양원에서 핸드폰으로 보내온
사진 한 장

엄마는 방바닥에 팥죽 한 그릇 받아놓고
구부정한 자세로 새알심을 뒤적뒤적 찾고 있다

달이 떴다 엄마의 팥죽 그릇 안에
뿌옇게 보랏빛 달이 떴다

그 옛날, 엄마가 해 주시던 팥죽 안에서
보름달로 차오르던 하얀 새알심

갓바위 동화사 풍경 끝에 매달았던 소원의 밤

엄마가 끓여 준 팥죽 맛을 본 지가 오래다

밥은 바빠서 못 먹고

죽은 죽어도 요양원에서는 안 먹겠다, 하시던 당신

핸드폰 속에서 팥죽 한 그릇 끌어안고 있다

나는 팥죽을 뜨다가

숟가락을 그냥 내려놓는다

# 눈꽃

때 늦은 눈꽃이
머리에 내려앉았다

눈부신 사월의 폭설
빈자리 하나 없이

세상이 눈꽃송이 하나로
피어 있다

쌓인 눈
휘어지는
삭은 나뭇가지에

햇살이 머리에
앉는다

뚝, 뚝,
흘러내리는 엄마

## 절망

안방 벽 모서리에 곰팡이가 피었다
하얀 벽지가 얼룩얼룩하다
팔월의 장맛비가 온다
빗물이 벽을 타고 흘러내린다
검은 물이 방바닥에 흥건히 고여 든다
그녀의 몸이 점점 시커멓게 번져 간다
방안에는 퀴퀴한 냄새가 가득 밴다

엄마의 병이 저리 깊어지도록 자식들은
누구도 찾아가 보지 않았다

# 사친별곡思親別曲 1

"정실아! 놀라지 마라 숙모가 돌아가셨다." "오라버니 오라버니, 그게 무슨 말씀잉교?" 우는 나를 달래면서 시아버님 하신 말씀, "며눌아가 울지 마라 외가 없는 외손자가, 어디에서 났단 말고 가겠거든 갔다 온나." 소복 입고 자리 펴고 친정 쪽을 바라보며, 물 떠 놓고 절을 하고 불러보는 울 엄마야. 남산만 한 배를 안고 고무신을 벗어 쥐고. 쫓아가도 쫓아가도 발걸음은 제자리라.

"시누부야 시누부야, 미안하다 미안하다." "울 엄마는 우야고, 보리를 베고 있노?" 소낙비는 올라 카고 보리는 베야 하고. 별난 맏종부 사촌 올케 더러븐 병 걸맀다고. 전염된다 카면 설랑 청솔가지 꺾어다가. 불사르고 꼬실라가 지날 치기로 보냈단다. 삽짝으로 나가서는 다리 뻗고 통곡했네.

  스물다섯에 보낸 엄마 보고 싶어 우예 살꼬
  강물에 떠내려간 엄마 보고 싶어 우예 살꼬

아버지요 아버지요, 울 엄마가 그리 지겹더나
맹장염이 심해져서 복막염이 됐던 것을
하루도 못 기다리고 다 태워 없앴더나
동네 사람 와글와글 삽짝 앞에 나와설랑
**"정실아! 정실아! 지곡止哭해라 지곡해라."**
그카거나 말거나 울고 싶어 실컷 울자

  아버지는 청에 앉아 닭똥 같은 눈물을. 뚜둑 뚜둑 흘리더라, 뚜둑 뚜둑 흘리더라. 우리 집에 울 아버지 왜관 장에 나가더니. 돼지 새끼 한 마리 사 온다고 하더니만. **돼지 새낀 어디 가고 할망구를 사가 왔네.** 엄마 빈소도 안 치웠는데 할망구를 사가 왔네.

# 이자이 李滋伊

육십사 년 동안 이름이 없던 어머니
열일곱에 시집가서 얻은 이름은
연산댁이었다

첫째를 낳고 상진이 엄마
둘째를 낳고 승표 엄마
셋째를 낳고 광표 엄마
넷째를 낳고 임숙이 엄마
다섯째를 낳고 정표 엄마

팔순 노인이 되자
드디어 요양원에서 찾게 된 이름
오얏 이李, 불을 자滋, 저 이伊,
이자이

영정에 새겨진

화장터 전광판에 올라온

묘비에 새겨진 이름

이자이 李滋伊

어머니는 어머니를 버리기 위해서

평생을 사신 것이다

# 유서

유서가 그녀를 읽는다 어룽어룽하다, 눈앞

*살아있을 때 자주 찾아오지도 않는 자식들이 내가 죽어 산에 묻힌들 산까지 찾아오겠는가. 제사를 지낸들 무엇 하겠는가. 썩은 입에 밥 한술도 못 먹는 것을, 내가 죽어 땅에 묻히면 산소는 덤불밭이 될 것이니 내 죽거들랑 호로록 살라서 팔공산 꼭대기에 뿌려다오. 구름을 다 다니며 살겠다. 혼이라도 온 세계를 구경하겠다.*

그러나 유서는 교자상 위에서 다시 고쳐지고 있다

*살다 보니 마음이 변했다 내 죽거들랑 화장은 하지 말고 맏동서처럼 산소를 왕릉같이 해라. 鄭東眞의 둘째 자부 이자이, 아들 사형제와 딸 하나를 낳았으니, 시주 이어준 시주부인이라 비석에 새겨다오. 집 옆 텃밭 50평은 딸에게 줘라. 맏아들에게 넘겨준 달래밭 850평은 제사에 드는 비용으로 쓰*

*면 된다. 서로 싸우지 말고 성의대로 해라. 형제간에 우야든 동 인정 있게 지내거라.*

*2015년 7월 10일 금요일 이자이李滋伊 (인)*

그녀는 자식들에게 전화로 유언을 알린다
두 벌 죽음 하기 싫다 선산先山 시부모님 곁에 꼭 묻어다오

백 년만의 추위가 찾아온 겨울날,
그녀는 호랑가시나무처럼 불태워졌다
그때 매화나무가 유서 같은 봉오리를 꼬깃꼬깃 접고 있었다

## 매화꽃 말씀

그녀를 산에 놓아드리고 돌아온 날
안방 유리창으로 매화꽃 가지가 벋었다
여기저기 망울을 피는 하얀 꽃잎들,
그 안에서 들리는 향기

살다 보면 시골이 너를 떠나보내고 싶었겠지
새 교복과 책가방이 등교를 보내고 싶었겠지
도시락 반찬에서 김치가 빠지고 싶을 때도 있겠지
살다 보면 캠퍼스가 너를 반겼으면 했겠지
연애가 멋진 남자를 데려와 줬으면 했겠지
새처럼 자유롭게 떠나고 싶을 때도 있겠지

그녀가 키웠던 매화꽃은 밤이면 옛 생각에 수그러들었네
살다 보니 결핍이 꿈을 키워 왔었네
그리움이 구름처럼 몰려올 때도 있었네

자세를 꼿꼿이 고쳐 앉은 매화꽃 앞에서

나는 무릎을 오므리네, 오래도록

그 말씀에 귀 기울이네

* **해설**

# 전천후와 열망을 향한 헌사

이정환(시인)

1.

세상에는 많은 사람이 살고 있고, 그중에는 글에 미쳐서 사는 이들이 적지 않다. 나는 근간에 모처럼 글에 제대로 몰입된 한 사람을 또다시 만나게 되었다. 바로 『문에도 멍이 든다』의 시인 정여운이다. 우선 아래 시를 먼저 한번 읽어보았으면 한다. 시인을 만나게 된 연유와 관련이 깊은 시편이다.

 내 머리가 고장 났네
 내 머리가 고장 났어

 자식 흉을 안 봤는데
 자꾸 술술 나오니까
 암만해도 내 머리가
 고장 난 게 틀림없어

 팔십 평생 살아오며
 자식욕을 안 했는데

아무리 해도 내 머리가
고장 난 게 틀림없어
— 이자이, 「고장 난 내 머리」 전문

「고장 난 내 머리」는 지난 2017년 제3회 매일신문 시니어 문학상 시 부문에 특선으로 뽑힌 작품이다. 지은이 이자이 씨는 정여운 시인의 모친이다. 그때 시 부문 심사위원 중의 한 사람으로 참여하면서 「고장 난 내 머리」가 단순하면서도 매우 간절하였기에 특선으로 선정하면서 시상식 때 만난 것이 계기가 되었다. 정여운은 어머니의 문필 정신을 이어받은 시인이다.

어머니의 창작을 돕던 그가 '시, 수필, 소설' 등 여러 장르를 섭렵하면서 열정적인 작업으로 이번에 첫 시집을 상재하게 된 것은 그의 문학 인생에 한 분수령이 될 것이다.

2.

그는 다방면에 깊은 관심을 보이고 있다. 오랫동안 소설을 공부하고 습작을 했기에 시에서도 호흡이 길다. 그에게 다가오거나 그가 다가가곤 하는 사물이나 세계 혹은 인간사의 갖은 문제 앞에서 그의 창작 열정은 후끈 달아오른다. 참을 수 없는 내적 열망의 힘에 붙들려 주야와 장소를 가리지 아니하고 글을 쓴다. 그야말로 전천후다.

이제 작품을 보도록 하겠다.


  우두두둑 뚜두둑
봄기운에 잔설을 털어내는 소나무 가지들
관절 풀리는 소리가
악양 평야의 마디마디를 깨운다


겨우내 두꺼운 추위 껴입고서
황량한 들판 지키느라 잔기침도 많았겠다
온기 없는 빈방에서 선잠 자느라
삭은 몸이 얼음장 되었겠다
이웃도 경로당도 없는 외딴 들녘에
적막 한 칸 세 들이며 사느라 밤도 길었겠다


금싸라기 알곡들 방앗간으로 밀려간 뒤
제비가 낮게 뜨니 비가 오겠구나
두 눈을 비비니 더욱 침침하구나
들 끝에 바람을 얹고 삭정이로 흔들리는
앙상한 부부송


섬진강 따라 매화꽃길 따라
평사리로 시집왔던 봄
그때가 좋았다고
송홧가루 날리며

예순네 해를 서로에게 뿌리내렸다
—「부부송」 전문

　「부부송」은 말 그대로 부부처럼 함께 서 있는 두 그루의 소나무를 이른다. 첫 연에서 "우두두둑 뚜두둑/ 봄기운에 잔설을 털어내는 소나무 가지들/ 관절 풀리는 소리가/ 악양평야의 마디마디를 깨운다"고 진술함으로써 주변의 분위기를 환기한 다음 "겨우내 두꺼운 추위 껴입고서/ 황량한 들판 지키느라 잔기침도 많았겠다/ 온기 없는 빈방에서 선잠 자느라/ 삭은 몸이 얼음장 되었겠다/ 이웃도 경로당도 없는 외딴 들녘에/ 적막 한 칸 세 들이며 사느라 밤도 길었겠다"라고 여러 가지 정겨운 짐작을 덧붙인다. 그런데 셋째 연 끝부분 2행 "들 끝에 바람을 얹고 삭정이로 흔들리는/ 앙상한 부부송"이라는 대목에서 두 그루 소나무의 현재 모습이 여실히 드러난다. "섬진강 따라 매화꽃길 따라/ 평사리로 시집왔던 봄/ 그때가 좋았다고/ 송홧가루 날리며/ 예순네 해를 서로에게 뿌리내"리며 살아왔기 때문이다. 그만큼 신산의 삶을 영위해 왔기에 "앙상한" 모습으로 서 있는 셈이다. 「부부송」은 함께 나이 들어가면서 서로를 더욱 의지하는 부부애를 애정 어린 시선으로 노래하고 있는 점이 눈길을 끈다.

모두 다 떠났는데
떠나지 못하고 남아 있는 의자 하나

동막 마을 빈집
허물어진 지붕, 떨어지는 기왓장
무성한 담쟁이덩굴

떠나지 못한 구멍 난 양말 한 짝
삭은 빨랫줄에 남아
아버지의 한숨처럼 펄럭이는 오후

고욤나무 아래 나뒹굴고 있는
다리 하나 부러진 의자
가느다란 다리 위로 어둠이 감겨 온다

허물어진 담벼락 너머로 보이는
서해안 갯벌
버려진 의자 위에 흐느끼며 앉는다

밀려오고 밀려가는 바닷물
밀려오고 밀려가는 사람들

텅 빈 갯벌 바라보던 의자
소금기 마른 몸을 뒤척인다

―「동막 마을」 전문

잠든 아기 머리맡에
뻥튀기 옥수수 한 바가지 놓고
호미 들고 나간다

해마다 하천이 넘쳐 물에 잠긴 너였다
죽 한 그릇이면 살 수 있다는 올비 밭
쌀 한 말 이고 가서 건졌다

자고 나면 번지고 자고 나면 커지고
뽑아도 자라고 찍어도 내리고
아래로 위로 시퍼런 등줄기가 들불처럼 번졌다
가난은 뿌리에서부터 찾아오는가

네 뿌리를 잘라 먹으며 가난을 캤다
해도 깨지 않은 첫새벽부터 별 뜨는 밤까지
목숨보다 질긴 올비를 캤다
세 살배기 아들이 없어진 줄도 모르고

사람들과 사수재를 넘고 와룡산을 뒤졌다
사흘 만에 집 앞에 있는 못에서
낮달이 떠올랐다
싸늘한 달을 품에 안고 애장터에 묻었다

뿌리 하나 뽑는데 한 생애가 지나갔다
　　—「올비」전문

　두 편을 함께 보겠다. 「동막 마을」은 상실감을 처연하게 노래하고 있다. "모두 다 떠났는데/ 떠나지 못하고 남아 있는 의자 하나"를 바라보다가 "동막 마을 빈집/ 허물어진 지붕, 떨어지는 기왓장/ 무성한 담쟁이덩굴// 떠나지 못한 구멍 난 양말 한 짝/ 삭은 빨랫줄에 남아/ 아버지의 한숨처럼 펄럭이는 오후"에 눈길이 가닿는다. 구체적이고도 애처로운 상실감의 정황들이다. 거기에다가 "고욤나무 아래 나뒹굴고 있는/ 다리 하나 부러진 의자" 그 "가느다란 다리 위로 어둠이 감겨" 오는 것을 눈여겨본다. 그래서 시의 화자는 "허물어진 담벼락 너머로 보이는/ 서해안 갯벌/ 버려진 의자 위에 흐느끼며 앉"아 "밀려오고 밀려가는 바닷물/ 밀려오고 밀려가는 사람들"을 바라보면서 무언가 모를 아련한 상념에 젖어 든다. 여전히 "텅 빈 갯벌 바라보던 의자"는 "소금기 마른 몸을 뒤척"이고 있는데.

　「올비」를 보자. '올비'는 논에서 나는 잡초의 뿌리로 단맛이 나서 논을 갈면 뒤따라 다니며 주워 먹기도 하는 것을 이른다고 한다. "잠든 아기 머리맡에/ 뻥튀기 옥수수 한 바가지 놓고/ 호미 들고 나"가서 "죽 한 그릇이면 살 수 있다는 올비 밭"에서 "가난은 뿌리에서부터 찾아오는" 것을 절감하며, "네 뿌리를 잘라 먹으며 가난을 캤다/ 해도 깨지 않은 첫새벽부터 별 뜨는 밤까지/ 목숨보다 질긴 올비를 캤"는데 가장 끔찍한 일을 겪는다. "세 살배기 아들이 없어진" 것이다. "사람들과 사수재를 넘고 와룡산을 뒤"지다가 "사흘 만에 집 앞에 있는 못에서/ 낮달이 떠올랐다"와 "싸늘한 달을 품에 안고 애장터에 묻었다"에서 보듯 크나큰 아픔을 겪은 것이다. 하여 한 줄로 요약된 끝 연이 "뿌리 하나 뽑는데 한 생애가 지나갔다"라는 동통의 진술로 끝맺고 있는 것이다.

> 이십 년 이상 앓고 있다
> 쉽게 낫지 않는다
>
> 신열이 난다 오한이 들고 춥다
> 머리가 지끈거리고 가슴이 뛰고 자주 멍해진다
> 어깨와 목이 뻐근하고 온몸이 노곤하다
> 밤을 새는 날이 많다
> 흔들리는 벚꽃만 봐도 마음을 빼앗긴다
>
> 흑석역에 내려야 하는데 고속터미널역까지 간다

전철 선반에 목도리를 놓고 내린다
자동차 키를 꽂아둔 채 문을 닫고 내린다
충전하던 휴대폰을 강의실에 두고 나온다
세탁한 빨래가 통 안에서 잠을 잔다

밥을 하면서도 빨래를 널면서도 걸어가면서도
머릿속에는 온통 그의 생각으로 빼곡하다
자려고 누웠다가도 벌떡 일어난다
누가 불러주는 말이 들려 노트에 적는다

독감보다 지독한 상사병,
시를 앓고 있다
약이 없다 행복한 불치다
　　—「불치」 전문

　일찍이 시인 신동집은 '죽어야 나을 병'을 갖고 있는 이를 시인이라고 했다. 그리고 시인으로서 오래 사는 것을 두고 '잔존자'라고 말하면서 '잔존자에게는 어떤 말 못할 비애가 있다.'라고 했다. 실로 '죽어야 나을 병'은 모름지기 시인이라면 누구나 가지고 있는 병이다. 살아있을 동안에는 치유가 불가능한 병이다. 언어와 사투를 벌이는 사람만이 겪는 내면의 병인 셈이다. 흔히 '시수'라고도 하지 않던가. 「불치」에서 그것을 여실하게 읽는다. "이십 년 이상 앓고 있다/ 쉽게 낫지 않는다"라면서 "신열이 난다 오한이 들고 춥다/ 머리가 지끈거리고 가슴이 뛰고 자주 멍해진다/ 어깨와 목이 뻐근하고 온몸이 노곤하다/ 밤을 새는 날이 많다/ 흔들리는 벚꽃만 봐도 마음을 빼앗긴다"라고 직설적인 감정 토로를 나열한다. 더 나아가서 "흑석역에 내려야 하는데 고속터미널역까지 간다/ 전철 선반에 목도리를 놓고 내린다/ 자동차 키를 꽂아둔 채 문을 닫고 내린다/ 충전하던 휴대폰을 강의실에 두고 나온다/ 세탁한 빨래가 통 안에서 잠을 잔다"라고 일상이 마구 무너지는 장면을 제시한다. "밥을 하면서도 빨래를 널면서도 걸어가면서도/ 머릿속에는 온통 그의 생각으로 빼곡하"고, "자려고 누웠다가도 벌떡 일어"나고, "누가 불러주는 말이 들려 노트에 적는" 지경에 이르고 있다. 정말 불치다. "누가 불러주는 말이 들"린다고 했는데 대체 그는 누구인가? "독감 보다 지독한 상사병/ 시를 앓고 있다"고 끝내 고백하면서 "약이 없다 행복한 불치다"라고 속으로 외친다. 진실로 '죽어야 나을 병'이다.

영등포역에는 하늘을 베고 누운 새들이 많다

하늘 무서운 줄 모르고 뛰는 땅값 때문에
새들은 서울 변두리쯤에
둥지 하나 트는 것이 꿈이 되었다

없는 세간에 열두 번의 이사로
입안과 발가락 사이에 염증이 난
저 날지도 못하는 날개 찢긴 비둘기 한 마리
하늘을 베고 누워 있다

영등포역 광장에는 둥근 마이크 들고
십자가를 부르며 울부짖는 새 떼들이 많다

어떤 새는 하늘에다 대고 종주먹질하고
어떤 새는 오물을 덮어쓴 하늘에 꿇어앉아
쏟아놓은 토사물을 쪼아 먹는다
딱정벌레 한 마리
하늘에 엎드려 찬송가를 끌고 간다

땅은 내려다보고 있는 멍든 하늘이다

영등포역 광장에는
오늘도 많은 딱딱한 등껍질의 거북이 지나가고
날개 부러진 비둘기가 지나가고
둥지 잃은 까치가 목을 비튼 채 지나간다
  —「땅은 내려다보고 있는 멍든 하늘이다」전문


아버지가 던진 술병에 머리를 꿰맨 석이는

아동 그룹홈 옥상 가에서
해바라기를 하다가 개밥바라기를 보다가
밤이 되면 찢어진 낙엽이 되어 거리를 떠돌았다

남의 집 담 밑에 쪼그리고 앉아
추운 밤을 떨며 악몽에 놀라 깨던
석이의 밥그릇에는
눈이 상한 고등어 머리 하나

그룹홈 대표는 새로 하나 더 장만한 아파트값 걱정을 하며
애완견 말티즈에게 프랑스산 사료를 먹이고
석이와 같이 떠돌 야윈 고양이가
담 밖에서 비명처럼 우는 밤
시커먼 바람이 창문을 검게 칠하다 얼어붙었다

나는 이런 아이들을 내 잠에 들이며
튼 손을 잡아주다 깨어나곤 했다
　　—「불면」 전문

　두 편은 우리 시대의 반영이다. 「땅은 내려다보고 있는 멍든 하늘이다」의 첫줄 "영등포역에는 하늘을 베고 누운 새들이 많다"는 아픈 은유다. 그리하여 "하늘 무서운 줄 모르고 뛰는 땅값 때문에/ 새들은 서울 변두리쯤에/ 둥지 하나 트는 것

이 꿈이 되었다"라는 진술은 하나의 견고한 벽처럼 앞을 가로막는다. 셋째 연에서는 보다 구체적으로 "없는 세간에 열두 번의 이사로/ 입안과 발가락 사이에 염증이 난/ 저 날지도 못하는 날개 찢긴 비둘기 한 마리/ 하늘을 베고 누워 있다"라고 읊조린다. 그리고 "영등포역 광장에는 둥근 마이크 들고/ 십자가를 부르며 울부짖는 새 떼" 중에 "어떤 새는 하늘에다 대고 종주먹질하고/ 어떤 새는 오물을 덮어쓴 하늘에 꿇어앉아/ 쏟아놓은 토사물을 쪼아 먹는"데 "딱정벌레 한 마리/ 하늘에 엎드려 찬송가를 끌고" 가고 있다. 그래서 시의 화자는 "땅은 내려다보고 있는 멍든 하늘이다"라고 단언한다. 마지막 연에서 "영등포역 광장에는/ 오늘도 많은 딱딱한 등껍질의 거북이 지나가고/ 날개 부러진 비둘기가 지나가고/ 둥지 잃은 까치가 목을 비튼 채 지나간다"라고 끝맺으면서 상처 입은 실존 상황을 제시한다. 제목 '땅은 내려다보고 있는 멍든 하늘이다'는 새로운 발견의 눈으로 역설의 미학을 압축하여 보여주고 있다.

「불면」은 특이한 정황을 그리고 있다. "아버지가 던진 술병에 머리를 꿰맨 석이는/ 아동 그룹홈 옥상 가에서/ 해바라기를 하다가 개밥바라기를 보다가/ 밤이 되면 찢어진 낙엽이 되어 거리를 떠돌았다"라는 첫 연이 모든 것을 말한다. 석이를 "찢어진 낙엽"으로 은유하고 있는 점이 눈길을 끈다. 석이의 상황은 "남의 집 담 밑에 쪼그리고 앉아/ 추운 밤을 떨며 악몽에 놀라 깨던/ 석이의 밥그릇에는/ 눈이 상한 고등어 머리 하나"이다. "그룹홈 대표는 새로 하나 더 장만한 아파트값 걱정을 하며/ 애완견 말티즈에게 프랑스산 사료를 먹이"는데, "석이와 같이 떠돌 야윈 고양이가/ 담 밖에서 비명처럼 우는 밤/ 시커먼 바람이 창문을 검게 칠하다 얼어붙"는다. 시의 화자는 "나는 이런 아이들을 내 잠에 들이며/ 튼 손을 잡아주다 깨어나곤" 한다. 그렇기에 편한 잠이 되지 못한 것이다. 이런 엇비슷한 일들은 우리 사회 곳곳에서 현재진행형으로 일어나고 있다. 제도권에서 다 살필 수 없는 어두운 단면이다.

어쩌다가 활이 되었을까 어머니의 등은
여든 노구를 이끌고
휠체어에 앉은 아버지를 밀고 있다

집으로 돌아서지 못하고 있는
내 발길

활이 미는 휠체어
천천히 신작로를 따라 굴러간다
하얀 대문 경로당 웃음꽃밭 사이를 지나
미루나무를 지나
늙은 황구 한 마리를 지나
어슬렁어슬렁 지나간다

따뜻한 고봉밥만 한
엄마의 등
그 앞,
휠체어에 대롱거리는 아버지의 두 다리

봄바람이 분다

저 멀리,
바위처럼 무거운 부부가
길 위에서 갈잎처럼 굴러간다
　　　—「활과 휠체어」 전문


육십사 년 동안 이름이 없던 어머니
열일곱에 시집가서 얻은 이름은
연산댁이었다

첫째를 낳고 진상이 엄마
둘째를 낳고 승표 엄마
셋째를 낳고 광표 엄마
넷째를 낳고 임숙이 엄마
다섯째를 낳고 정표 엄마

팔순 노인이 되자

드디어 요양원에서 찾게 된 이름

오얏 이李, 불을 자滋, 저 이伊,

이자이

영정에 새겨진

화장터 전광판에 올라온

묘비에 새겨진 이름

이자이李滋伊

어머니는 어머니를 버리기 위해서

평생을 사신 것이다

—「이자이李滋伊」전문

  두 편은 가족사다. 아버지 어머니에 대한 곡진한 노래다. 「활과 휠체어」에서 "어쩌다가 활이 되었을까 어머니의 등은" 이라고 마음 아파하면서 "여든 노구를 이끌고/ 휠체어에 앉은 아버지를 밀고 있"는 모습을 바라본다. 집으로 가야 하는데 차마 발길을 떼지 못한다. "활이 미는 휠체어/ 천천히 신작로를 따라"가고 "하얀 대문 경로당 웃음꽃밭 사이를 지나/ 미루나무를 지나/ 늙은 황구 한 마리를 지나/ 어슬렁어슬렁 지나"가고 있다. "따뜻한 고봉밥만 한/ 엄마의 등/ 그 앞,/ 휠체어에 대롱거리는 아버지의 두 다리"의 대목은 애절하다. 그러나 잠시 "봄바람이 분다". "저 멀리,/ 바위처럼 무거운 부부가/ 길 위에서 갈잎처럼 굴러"가는 장면을 먼발치서 바라보는 화자의 심경을 짐작할 만하다.

「이자이」는 이 글의 앞머리에서 언급한 어머니다. "육십사 년 동안 이름이 없던 어머니/ 열일곱에 시집가서 얻은 이름은/ 연산댁이었"고, "첫째를 낳고 진상이 엄마/ 둘째를 낳고 승표 엄마/ 셋째를 낳고 광표 엄마/ 넷째를 낳고 임숙이 엄마/ 다섯째를 낳고 정표 엄마"로 불리며 살다가 "팔순 노인이 되자/ 드디어 요양원에서 찾게 된 이름/ 오얏 이李, 불을 자滋, 저 이伊" 즉 '이자이'다. "영정에 새겨진/ 화장터 전광판에 올라온/ 묘비에 새겨진 이름/ 이자이李滋伊"를 생각하면서 화자는 한 줄로 요약한다. "어머니는 어머니를 버리기 위해서/ 평생을 사신 것이다"라고. 자신을 버리고 한평생을 헌신한 것이다. 그렇지만 어머니는 팔순이 되기 전에 시니어문학상 시 부문 특선으로 뽑혀 온 세상에 그 이름을 널리 알린 바 있다. 실로 본보기가 될 만한 일이다.

「산문山門에 기대어」를 쓴
송수권 시인의 시는
죽은 누이를 그리워하는 아름다운 시인데

산문散文에 기대어 쓴 내 시는
헤어진 옛 애인을 그리워하는

수필이 되어 나타나니
　　산문은 산문이되 같은 산문이 아니로구나

　　그 산문은 좁은 산문인가, 넓은 산문인가

　　산문散文을 모두 없애 버리면
　　시가 제대로 나올 것도 같구나
　　　　—「산문散文에 기대어」 전문

　「산문散文에 기대어」는 송수권 시인의 작품에 착안하여 시인의 문학적 편력을 노래하고 있다. 미묘한 발상이다. "「산문山門에 기대어」를 쓴/ 송수권 시인의 시는/ 죽은 누이를 그리워하는 아름다운 시인데" 비해 "산문散文에 기대어 쓴 내 시는/ 헤어진 옛 애인을 그리워하는/ 수필이 되어 나타나니/ 산문은 산문이되 같은 산문이 아니로구나"하고 자탄한다. 둘째 연 "그 산문은 좁은 산문인가, 넓은 산문인가"라는 당돌한 한 줄의 질문은 퍽이나 의미심장하다. 그래서 혼자 다시 중얼거린다. "산문散文을 모두 없애 버리면/ 시가 제대로 나올 것도 같구나"라고. 시인이 수필과 소설 창작에 심취하다가 '이제부터 시인으로 살아가야 하겠구나.'하고 자각한 후에 쓴 작품으로 보인다.
　끝으로 표제작을 보겠다.「문에도 멍이 든다」이다.

누가 저 방문에 목숨 한 숟가락 꽂았을까


추위는 검은 두루마기 같은 구름 두르고 찾아왔다
안방이 단단히 잠겨 있다


나비장석에 걸려 있는 놋쇠 빼다가
왜 목숨 하나가 갇혀 있는지를
네발로 기어 다닐 때 암죽을 먹여주고
두 발로 걸어 다닐 때 도시락 챙겨주고
두레상 펼쳐놓고 함께 밥을 먹던
그 숟가락을 생각한다


곰팡이 푸르게 슬은 모진 쇠붙이 하나
겉과 속을 나누는 문 앞에서
늙은 숟가락이 늙은 사람을 붙들고 있다


명치 끝 방에 피멍이 드는 밤이다
삭은 문이 흔들리며 몸서리치고 있다


휠체어 바퀴 테두리가 반짝인다
뼈만 남은 반달 숟가락에 얼굴이 비친다


평생을 한 몸처럼 입속에서 살아온 쇠붙이

아버지의 목숨 한술 뜨고 있다
— 「문에도 멍이 든다」 전문

첫머리부터 범상하지가 않다. "누가 저 방문에 목숨 한 숟가락 꽂았을까"라는 질문이 그렇다. "추위는 검은 두루마기 같은 구름 두르고 찾아왔"는데, "안방이 단단히 잠겨 있"는 것이다. "나비장석에 걸려 있는 놋쇠 빼다가/ 왜 목숨 하나가 갇혀 있는지"를 생각한다. "네발로 기어 다닐 때 암죽을 먹여주고/ 두 발로 걸어 다닐 때 도시락 챙겨주고/ 두레상 펼쳐놓고 함께 밥을 먹던/ 그 숟가락을 생각"하면서 우리가 이미 잃어버린 즉 다시금 돌아가기 어려운 원초적 향수의 세계를 뭉클하게 불러일으킨다. 뒤이어 "곰팡이 푸르게 슬은 모진 쇠붙이 하나/ 겉과 속을 나누는 문 앞에서/ 늙은 숟가락이 늙은 사람을 붙들고 있다"라는 장면이 제시된다. "모진 쇠붙이", "늙은 숟가락"이 "늙은 사람"을 붙들고 있다는 표현은 애절하기까지 하다. 그래서 "명치 끝 방에 피멍이 드는 밤"인 것이다. 하여 "삭은 문이 흔들리며 몸서리치고 있다". 그 순간 "휠체어 바퀴 테두리가 반짝"이고 "뼈만 남은 반달 숟가락에 얼굴이 비친다". 끝 연은 어떻게 맺고 있는가? "평생을 한 몸처럼 입속에서 살아온 쇠붙이"인 낡은 숟가락이 "아버지의 목숨 한 술"을 뜨고 있는 것이다. 아버지를 통해 아픔이 절정에 닿는 순간이다.

밀도 높은 서정성과 더불어 언어미학적 직조의 산물인 「문에도 멍이 든다」는 《서정시학》 신인상 당선작 중 한 편이다. 그가 얼마나 시를 사랑하고 있는지를 여실히 알게 하는 작품이다.

3.
그의 시편은 거침없고 활달하다. 시대 상황과 내면의 문제에 천착하면서 가족사에도 깊은 관심을 보인다. 앞으로는 사적인 시각을 벗어나서 문학의 원천인 시의 본질을 천착하는 일에 힘을 기울임으로써 시인으로 대성하기를 빈다. 기왕이면 우리말의 아름다움을 가장 잘 운용할 수 있는 시조 창작에도 관심을 기울였으면 한다. 시 없는 인생은 참된 인생이 아니라는 굳건한 확신 속에서 열정의 불길을 활활 피워 올리고 있으니, 문학적 성취를 위해 절차탁마하면서 보다 치밀한 시 세계 축조에 힘쓸 일이다. 새로운 발화를 위한 전략도 필요할 것이고, 공감의 깊이와 폭을 넓히기 위한 노력도 배가되어야 할 터다.

'전천후와 열망을 향한 헌사'의 시인인 정여운의 첫 시집 『문에도 멍이 든다』의 상재를 축하하며 '올비'와 같은 깊은 단맛을 내는 시인의 길을 묵묵히 그러나 빛 부시게 걸어가기를 기원한다.

현대시학 시인선 078

# 문에도 멍이 든다

| | |
|---|---|
| 초판 1쇄 발행 | 2021년 10월 1일 |
| 2쇄 발행 | 2023년 1월 27일 |

| | |
|---|---|
| 지은이 | 정여운 |
| 발행인 | 전기화 |
| 책임편집 | 서종현 |

| | |
|---|---|
| 발행처 | 현대시학사 |
| 등록일 | 1969년 1월 21일 |
| 등록번호 | 종로 라 00079호 |
| 주소 | 서울시 종로구 계동길 41 |
| 전화 | 02-701-2341 |
| 블로그 | http://blog.daum.net/hdsh69 |
| 이메일 | hdsh69@hanmail.net |
| 배포처 | (주)명문사 02-319-8663 |

| | |
|---|---|
| ISBN | 979-11-86557-34-1 03810 |

○ 책값은 뒤표지에 있습니다.
○ 이 책의 판권은 지은이와 현대시학사에 있습니다.
  이 책 내용의 전부 또는 일부를 재사용하려면 반드시 양측의 서면 동의를 받아야 합니다.
○ 잘못 만들어진 책은 구입하신 서점에서 교환해드립니다.